HELEISE FARIA DOS REIS DE OLIVEIRA

JOSÉ RICARDO LOURENÇO DE OLIVEIRA

GUANIS DE BARROS VILELA JUNIOR

(Organizadores)

PERCEPÇÕES DO ESTRESSE E QUALIDADE DE VIDA - VOLUME 2

2ª Edição

Revisada e Atualizada

CURITIBA-PR

UNIORG

2020

Diagramação   Guanis de Barros Vilela Junior,
José Ricardo Lourenço de Oliveira,
Heleise Faria dos Reis de Oliveira;
Ricardo Pablo Passos

Ilustração   Ricardo Pablo Passos

Capa   Ricardo Pablo Passos

O48   Oliveira, Faria dos Reis de Oliveira, 1971-
     Percepções do Estresse e Qualidade de Vida / Guanis de Barros Vilela Junior, José Ricardo Lourenço de Oliveira, Heleise Faria dos Reis de Oliveira; Editor Ricardo Pablo Passos - 2. ed. - Curitiba, UNIORG, 2020.
     71p.; 22,86 cm

     Inclui Bibliografia.
     ISBN 9798621626907

1. Percepção sobre os níveis de estresse 2. Percepção sobre os níveis de estresse e qualidade de vida no trabalho de assistentes sociais que atuam em hospitais do município de Ponta Grossa/PR
     I. Título.

CDD: 613
CDU: 308

SUMÁRIO

APRESENTAÇÃO

Esta série de livros nasce da inquietação de pesquisadores no afã de divulgar seus experimentos científicos, nas áreas da Saúde e Qualidade de Vida.

Os estudos que serão abordados semestralmente em vários volumes subsequentes, apresentarão as contribuições do grupo de pesquisa da Universidade Estadual de Ponta Grossa (UEPG), em Saúde, Atividade Física e Qualidade de Vida, bem como, pesquisas oriundas dos Trabalhos de Conclusão de Curso (TCC) e outros ensaios de pesquisas científicas, relacionadas ao Grupo de Biomecânica Ocupacional e Qualidade de Vida da Universidade Metodista de Piracicaba (UNIMEP).

A parceria já consolidada entre docentes do Curso de Educação Física da UEPG e o Programa de Ciências do Movimento da UNIMEP, atinge patamares históricos de produção conjunta.

As produções desta série de livros, relatarão as pesquisas mais recentes sobre a área da Saúde, em caráter regional, estadual e brasileiro, sob a ótica e indagações mais atualizadas do cenário mundial.

Os avanços tecnológicos da atualidade, estão emergindo diante deste mundo globalizado diverso, competitivo e disruptivo. Neste sentido, esta série de livros apresentará inovadoras aplicações tecnológicas, recém desenvolvidas que contribuirão para o desenvolvimento de uma nova visão, já preocupada com o futuro eminente.

Em especial o volume 1 desta série, denominado Percepções do Estresse e Qualidade de Vida, vem dialogar com essas tecnologias, apresentando dois trabalhos de

Conclusão de Curso que utilizarão os instrumentos StreQ-25 e QVT-25, modelos construídos respectivamente para mensurar os índices de estresse, Qualidade de Vida e Qualidade de Vida no Trabalho.

Tais instrumentos são um avanço nas pesquisas, pois foram desenvolvidos com rigor metodológico, sendo validados e agora efetivamente aplicados em uma maior diversidade populacional, posto que estão disponíveis para o grande público.

CAPÍTULO 1 - PERCEPÇÃO SOBRE OS NÍVEIS DE ESTRESSE E QUALIDADE DE VIDA NO TRABALHO ENTRE SERVENTES ESCOLARES DA REDE MUNICIPAL DE EDUCAÇÃO, DA CIDADE DE PONTA GROSSA.

AUTORES
Rafaela Kalina Dos Santos
José Ricardo Lourenço de Oliveira
Heleise Faria Dos Reis De Oliveira

O ambiente organizacional contemporâneo tem sofrido mudanças repentinas e progressivas, forçando o colaborador a uma recorrente adaptação que muitas vezes, ocasiona um desconforto, capaz de provocar um aumento nos níveis de estresse, sua saúde e Qualidade de Vida no Trabalho (QVT). Sob esta ótica, objetivou-se analisar a percepção dos níveis de estresse e QVT das serventes que atuam na equipe de apoio das escolas municipais de Ponta Grossa. Diante desta perspectiva, esta pesquisa apresentou à problemática: Qual a percepção de Estresse e QVT das serventes escolares da rede Municipal de Educação da cidade de Ponta Grossa? A pesquisa se caracterizou como descritiva, de análise quantitativa e qualitativa, utilizando os instrumentos de forma *on-line* denominados QVT-25 e StreQ-25, para avaliar a Qualidade de Vida no Trabalho e o nível de estresse dos colaboradores, respectivamente. A análise estatística foi realizada a partir da correlação de Spearman entre os dois questionários; Kruskal-Wallis para o QVT-25 e o StreQ-25, comparando três grupos por tempo de trabalho. Sendo adotado durante toda a análise $p \leq 0,05$ como nível de significância, sendo utilizado o programa SPSS22. Concluiu-se que as serventes escolares da rede Municipal de Educação da cidade de Ponta Grossa, apresentaram uma QVT considerada boa e um nível de estresse classificado como ruim.

INTRODUÇÃO

As bases conceituais contemporâneas integram conhecimentos a respeito do ser humano, como ser biopsicossocial, premissa usada para conceber os vários domínios da Qualidade de Vida (QV), (biológica, psicológica e social). Portanto, é relevante que o indivíduo esteja atuando de maneira participativa em sua comunidade, possua condições físicas íntegras, seja competente em seu ofício e sinta-se bem psicologicamente.

Segundo França; Menezes; Siqueira (2013), a QV está diretamente relacionada aos aspectos do trabalho, pois é comum na rotina laboral a ocorrência de acidentes ocupacionais, problemas sociais, psicológicos e físicos, aspectos estes responsáveis pelo estresse.

A despeito da QV, pesquisadores (LIMONGI, 1997), atentam para os malefícios da mesma, objetivando administrar o desequilíbrio ocorrido no ambiente laboral (ansiedade, estresse etc.) sugerindo o conceito de Qualidade de Vida no Trabalho (QVT), para ressignificar este conceito, como; atividades planejadas por uma empresa, cujo objetivo perpassa pela inserção de ideias e dos aperfeiçoamentos administrativos, tecnológicos e estruturais do ambiente laboral que visam a satisfação plena do colaborador.

Não obstante, outro aspecto relevante pensado sobre a QVT, está em como deter e ou lidar com o estresse diário deste ambiente organizacional, já que este tem sido responsável pela maioria das doenças, oriundas do ambiente corporativo.

Sob esta ótica, esta pesquisa norteia seus estudos, sobre a forma como as serventes escolares executam suas tarefas que são de natureza e níveis de complexidade distintos, como; a movimentação de móveis e equipamentos, limpeza de vidraças em diferentes altitudes e auxílio no preparo da merenda escolar, haja visto que este colaborador está exposto a diferentes situações de estresse, como; riscos oriundos do ambiente laboral, a exemplo; lesões, quedas e queimaduras.

Ainda que a referida população execute funções consideradas simples, como; varrer o chão e manusear panelas, os colaboradores podem encontrar ameaças à saúde, se os utensílios forem pesados, pois a equipe de trabalho é reduzida e os movimentos repetitivos são muitos, gerando assim, a ocorrência de dor musculoesquelética (DME).

Diante das condições de trabalho mencionadas e que são inadequadas, há a possibilidade de surgirem doenças e agravos, os quais podem reduzir os níveis de QVT, propiciando no aumento do estresse, prejudicando a saúde dos colaboradores. Por esses motivos, o objetivo desta pesquisa foi analisar a percepção dos níveis de estresse e QVT das serventes que atuam na equipe de apoio das escolas municipais de Ponta Grossa.

Neste sentido, definiu-se como questão problema: Qual a percepção de Estresse e QVT das serventes escolares da rede Municipal de Educação, da cidade de Ponta Grossa?

Para tanto, esta pesquisa justifica-se por mensurar o estresse e a QVT dos colaboradores que atuam em serviços gerais da rede municipal, já que são responsáveis pela limpeza do espaço, o qual é capaz de influenciar de forma positiva e ou negativa, o rendimento escolar, tanto de educandos, como da equipe pedagógica e da equipe de apoio.

Na sociedade contemporânea, a Qualidade de Vida (QV) é vista como objeto de desejo por todas as populações, o que se observa, no entanto, é que muitas vezes, o senso comum não tem claros seus limitantes, e nem conhecimento em como melhorar sua abrangência.

Conforme Oliveira (2017a), a QV possui uma notória profusão teórica, entretanto a autora optou por defini-la como estado de satisfação individual que permeia os aspectos psíquicos, fisiológicos, sociais e financeiros.

Para Barbosa (1998), a busca pela QV em tudo, é como se tratasse de um ideal da contemporaneidade que se expressa na política, na economia e na vida pessoal.

Esta pesquisa elegeu a população mencionada a ser investigada, devido as suas atividades laborativas permitirem que uma escola possa gozar de um ambiente agradável e acolhedor a seus protagonistas (professores e alunos), já que uma sala de aula limpa, simplifica a tarefa dos professores e deixa os alunos propensos a aprender.

Desta forma, para Almeida; Gutierrez e Marques (2012), a preocupação com a QVT não diz respeito somente ao ser individual, mas sim, a sociedade como um todo, pois remete a condições de sobrevivência e de conforto de todos os sujeitos que habitam aquele espaço. Por isso, seu estudo é uma questão social que envolvem ações de diferentes esferas; desde políticas públicas do Estado, até a adoção de práticas saudáveis pelo indivíduo.

Não obstante, pode-se considerar também escasso, o número de pesquisas que investigam a relação entre o tema estresse e QVT, com a população de colaboradores dos serviços gerais de um ambiente educacional.

Sendo assim, a relevância da análise proposta para esta pesquisa, recai acerca da percepção do estresse e da QVT dos colaboradores da equipe de serviços gerais, da rede municipal da cidade de Ponta Grossa, propondo ainda, em mensurar e disseminar os valores obtidos a respeito da QV e QVT para os respondentes ao termino do preenchimento dos questionários, contribuindo para que os mesmos possam desenvolver novas atitudes e assumir uma postura consciente a respeito do controle de estresse, QV e QVT.

QUALIDADE DE VIDA NO TRABALHO

O crescente interesse sobre os aspectos relacionados à QV é de interesse multidisciplinar e contemporâneo, concentrando-se em uma inter-relação entre as ínumeras áreas do conhecimento humano.

A QV é para muitos autores sinônimo de saúde e para outros, no entanto, um conceito mais abrangente no qual a saúde é apenas um dos aspectos a serem considerados (PEREIRA; TEIXEIRA; SANTOS, 2012).

Já para Oliveira (2017a), é "um estado de satisfação individual que permeia os aspectos psíquicos, fisiológicos, sociais e financeiros" (p. 21). Para a autora é necessário o equilíbrio entre os aspectos mencionados, sendo difícil não relacionar família, trabalho e vice-versa.

A definição de QV apresentada pelo Grupo WHOQOL e sugerida pela Organização Mundial de Saúde (OMS), é a "percepção dos indivíduos de que suas necessidades estão sendo satisfeitas, ou ainda, que lhes estão sendo negadas oportunidades de alcançar a felicidade e a auto realização, com independência de seu estado de saúde físico, ou das condições sociais e econômicas" (OMS, 1998). Conceito este que não envolve somente a saúde física e mental, mas uma abordagem geral, ou holística do indivíduo.

A concepção sobre a QV a transforma em um objetivo a ser alcançado mediante esforço do sujeito, promovendo uma corrida para obter algo que o senso comum sabe que é bom, mas não tem claros os fatores relacionados com seu significado, obtenção e abrangência.

Para Barbosa (1998), é como se tratasse de um ideal da contemporaneidade, que se expressa na política, na economia, na vida pessoal.

Não obstante, a QVT vem alicerçar os aspectos da QV dentro do ambiente corporativo, dando a este um ressignificado denominado de QVT, pois os aspectos relacionados a QVT, foram identificados pelos pesquisadores desta área, como fortemente relacionados a QV.

Conforme França (1997), a QVT está relacionada aos estímulos recebidos pelos colaboradores, resultando em feedbacks positivos e ou negativos, fundamentado ainda em correlações entre as ações administrativas, em razão dos colaboradores e a satisfação destes, com estas ações.

A autora supracitada, determinou suas variáveis de acordo com os critérios utilizados por Walton (1973) e de Levering (1995), considerando os indicadores do Índice de Desenvolvimento Social e do Índice de Desenvolvimento Humano, apontando a relevância da integração da QV, com a gestão empresarial, fazendo parte disso tudo, a autopercepção e a imagem da unidade, para a solidificação da QVT.

Desta forma, a QVT trata da satisfação do colaborador, sua produção, devendo haver respeito, oportunidade de aprendizagem com equipamentos adequados, para o desempenhar de cada função.

Sob esta ótica, a empresa que se adaptar a realidade de vida de cada indivíduo, saberá analisar como as reações desencadeadas em um domínio, irão interferir na QVT do mesmo, auxiliando para que os estudos continuem evoluindo e proporcionando ganhos a toda a população.

Entretanto, Almeida; Gutierrez e Marques (2012, p.21), mencionam a análise da QV sob um aspecto subjetivo que leva em conta questões de ordem concreta, porém, considera variáveis

históricas, sociais, culturais e de interpretação individual, sobre as condições de bens materiais e de serviços do sujeito.

Desta forma, a realização com o trabalho é o cerne para a construção da QV, já que o ser humano passa a maior parte de sua vida desenvolvendo relações e estimando possibilidades de maior, ou menor valor social.

Contudo, em sua jornada ocupacional, o colaborador está exposto a Fatores de Risco Psicossociais do Trabalho (FRPT), tais como: as condições de trabalho; as relações sociais; a sobrecarga gerada; o ritmo; as demandas ligadas à alternância do poder; a baixa remuneração e as longas jornadas; dentre outros, gerando assim, o estresse ocupacional.

Essa exposição laborativa aos FRPT apresenta consequências diretas nas condições de saúde dos colaboradores e em sua QV, podendo gerar adoecimento, incapacidade laborativa e repercussões na vida social e familiar (SERAFIM et al., 2012).

Ferreira; Bonfim e Giraldo (2009), afimam que cargas físicas e psicossociais do trabalho podem estar relacionadas às dores musculoesqueléticas, incapacidade e absenteísmo, todos gerados facilmente pela baixa QVT, estimulada pelo auto índice de estresse ocupacional.

O estresse é um termo de difícil conceituação e que pode ser entendido de formas distintas. Para Selye (1936), o estresse é uma reação do organismo que ocorre frente a situações que exijam dele adaptações além do seu limite. Lazarus (1977), sob outra perspectiva define estresse como um processo psicológico em que a compreensão dos eventos estressantes é afetada por variáveis cognitivas; segundo este autor, não é a situação nem a resposta da pessoa que define o estresse, mas a percepção do indivíduo sobre a situação.

Nesta perpectiva, o estresse influencia de maneira direta a saúde e a QV do indivíduo. Couto (1987), afirma que o *stress* ocupacional interfere na QV modificando a maneira como o Indivíduo interage nas diversas áreas da sua vida. Altos níveis de estresse crônico são responsáveis por gerar aumento nas licenças médicas e absenteísmo, queda na produtividade, ansiedade, irritação, dificuldades interpessoais, infelicidade na esfera pessoal e doenças como a depressão (LIPP, 2005).

Quando o estresse está relacionado ao ambiente de trabalho ele recebe o nome de estresse ocupaconal. Lazarus (1995), menciona que o estresse ocupacional ocorre quando o indivíduo avalia as demandas do trabalho como excessivas, em relação aos recursos de enfrentamento os quais ele dispõe. O estresse ocupacional pode ser compreendido então, como sendo de natureza subjetiva; relacionado à percepção do indivíduo a repeito dos estímulos desencadeados pelo ambiente ocupacional o qual ele está inserido, e sua incapacidade em lidar com estes, gerando assim, um resultado negativo.

Segundo Edward e Cooper (1990) existem seis grupos de agentes estressores no trabalho: fatores intrínsecos ao trabalho (rotina laboral, riscos, carga horária, contribuições no pagamento), papel do indivíduo na organização (grau de responsabilidade para com as pessoas, papel conflituoso ou ambíguo), relacionamento interpessoal (relação com os colegas de trabalho, chefe e clientes), carreira e realização (falta de desenvolvimento na carreira, insegurança), estrutura e clima da organização (gestão, falta de participação e comunicação) e interface casa/família.

ATRIBUIÇÕES DO CARGO DE SERVENTE ESCOLAR

Segundo a Classificação Brasileira de Ocupações – CBO proposta pelo Ministério do Trabalho em 2002, código 5142-20, servente de limpeza é o trabalhador que executa serviços de conservação de vidros e fachadas, limpeza de recintos e acessórios e trabalha seguindo normas de segurança, higiene, qualidade e proteção ao meio ambiente.

Entre as atribuições do cargo de servente escolar, estão inseridas funções como; zelar pela limpeza geral da escola, cuidar da qualidade e higiene da merenda, auxiliar no cuidado com as crianças e responsabilizar-se pela abertura e fechamento da escola. Cabendo ainda, à responsabilidade de organizar o ambiente escolar assegurando que este se torne seguro e prazeroso para os alunos, professores e membros da comunidade.

Conforme o Ministério da Previdência Social (instrução normativa n°98, 2003) entre os fatores de risco favoráveis ao desenvolvimento da Doença Músculo Esquelética (DME), encontram-se as sobrecargas de segmentos corporais em determinados movimentos, força excessiva para realizar algumas tarefas, esforço repetitivo e posturas corporais desequilibradas, além das condições ergonômicas existentes na organização do trabalho e dos fatores ambientais.

Os fatores de risco envolvem aspectos biomecânicos, sensoriais, afetivos, cognitivos e de organização do trabalho, interagindo entre si, necessitando que a análise do risco seja de forma integrada.

Para Phillip; Oliveira (2009), uma das causas mais comuns de DME é a lombalgia, tida como alvo de atenção em relação aos trabalhadores da limpeza, pois apresenta origem resultante de posturas desequilibradas no ambiente de trabalho, sendo a coluna vertebral frequentemente lesada, por absorver a maior parte do peso do corpo e dos pesos que os trabalhadores carregam, originando assim, um estresse nessa região.

Diante do exposto, torna-se relvante analisar a percepção dos colaboradores sobre os níveis de estresse e QVT, desenvolvidos pelas atividades laborativas.

Para tanto, esta pesquisa caracterizou-se como descritiva, de análise quantitativa e qualitativa, com o objetivo de analisar a percepção dos níveis de estresse e a QVT dos colaboradores que atuam na equipe de serviços gerais das escolas municipais da cidade de Ponta Grossa – Paraná.

A ppulação foi caracterizada e realizada com 32 serventes com idades entre 28 a 59 anos que atuam em escolas municipais localizadas no bairro de Uvaranas, e outras regiões da cidade de Ponta Grossa-PR, a região de Uvaranas é a mais populosa, na qual se concentram as maiores escolas e consequentemente, maior número de funcionários.

Quanto à amostra, esta caracterizou-se como finita, não probabilística intencional e escolhida por conveniência, mediante aceitação em participar do estudo.

Para a aplicação da pesquisa as pesquisadoras elaboraram um documento, o qual fora encaminhado a Secretaria de Educação do Municipio, solicitando apermissão para a pesquisa. Após o consetimento, a Secretaria de Educação encaminhou o documnto de permissão para a pesquisa, às escolas participantes.

O recrutamento dos participantes, ocorrereu por

voluntariado, levando-se em consideração a totalidade dos entrevistados, sendo que as entrevistas ocorreram diariamente, durante duas semanas, nos dois períodos do dia (manhã, tarde), no próprio local da escola, nos meses de setembro e outubro de 2019.

Na divulgação do estudo a pesquisadora obteve o auxílio da própria direção que convidou os colaboradores para participarem da pesquisa.

A pesquisadora foi treinada pelo pesquisador orientador responsável, sobre a forma de abordagem e aplicação dos questionário, bem como, dos aspectos éticos que envolviam a pesquisa.

Quanto aos Critérios de inclusão, participaram do estudo os colaboradores com um tempo institucional mínimo de um ano de trabalho e com idade superior a 18 anos.

Para tanto, as escolas que participamram da pesquisa foram onze (16), sendo:

- Escola: mun. Profª Alda dos Santos Rebonato .
- Escola: mun. Pref. Cel. Cláudio Gonçalves Guimarães.
- Escola: mun. Pref. Ernesto Guimarães Vilela.
- Escola: mun. Pref. Engº Eurico Batista Rosas .
- Escola: mun. Pref. Heitor Ditzel.
- Escola: mun. João Maria Cruz.
- Escola: mun. Profª. Kazuko Inoue.
- Escola: mun. Dr. Leopoldo Pinto Rosas.
- Escola: mun. Profª. Minervina França Scudlareck.
- Escola: mun. Profª. Otacília Hasselmann de Oliveira.
- Escola: mun. Zanoni Rogoski .
- Escola: mun. Zila Bernadet Back.
- Escola: mun. Proª. Haydêe Ferreira de Oliveira
- Escola: mun. São Jorge.

- Escola: mun. Shirlei Aggy Moura.
- Escola: mun. Guaracy Paraná Vieira.

Para os Critério de exclusão, foram excluidos os colaboradores que não se sentiram confortáveis em responder os questionários e ou estavam fora da faixa etária estipulada.

Os aspectos éticos, ocorreram mediante a submissão e aprovação pelo Comitê de Ética em Pesquisa da Universidade Estadual de Ponta Grossa, sob o protocolo de número 2.991.247. Os participantes aceitaram participar da pesquisa e assentiram o Termo de Consentimento Livre e Esclarecido (TCLE), para a realização dos questionamentos realizados.

Quanto os Instrumentos Metodológicos avaliou-se a percepção subjetiva dos níveis de etresse e QVT, utilizou-se dois instrumentos (versão eletrônica), a saber:

StreQ-25 – (Anexo I) Este instrumento analisa o Estresse e a Qualidade de Vida, sendo desenvolvido e validado por Oliveira et al. (2017b). Os itens foram elaborados com base em uma revisão de literatura sobre os principais componentes estressores que permeiam a vida do ser humano. O instrumento StreQ-25 foi estruturado com 25 itens, divididos em quatro domínios, a saber: ambiente de trabalho; relações sociais (afetivas e familiares); lazer; sono. Cada domínio contém 6 itens, sendo que o último item (25.°), avalia o estado de estresse geral do ser humano.

Quanto as respostas pertinentes as questões do StreQ-25; estas foram desenvolvidas na Escala de *Lickert*, optando-se por seguir, da "menor" percepção para a "maior" percepção; a fim de facilitar a sintaxe e a pontuação de cada um dos quatro domínios do StreQ-25.

Sua classificação para os resultados são: 0-20 pontos (nível de estresse está satisfatório, ou ideal); 21-45 pontos (nível de estresse regular); 46-70 pontos (nível de estresse ruim); 71-90 pontos (nível de estresse muito ruim) e 91 ou mais pontos (nível de estresse indesejável, péssimo ou talvez, a forma como foi respondida, torna o questionário inadequado).

QVT-25 - (Anexo II) O instrumento QVT-25 analisa a Qualidade de Vida no Trabalho, sendo desenvolvido e validado por Oliveira et al. (2017a), disposto com 25 itens, divididos em quatro domínios, a saber: variedade; autonomia e feedback; identidade, significância – motivação. Cada domínio contém 6 itens, sendo que o último item (25.°), avalia a percepção de QVT de forma geral do indivíduo.

As respostas concernentes ao QVT-25, foram elaboradas conforme a Escala de Lickert, decidindo-se, da "menor" percepção para a "maior" percepção; objetivando dispor a sintaxe e a pontuação de cada um dos quatro domínios.

A classificação para os resultados são: 0-20 pontos (nível de QVT ruim, ou a forma como foi respondida a questão, torna o questionário inadequado); 21-45 pontos (nível de QVT regular); 46-70 pontos (nível de QVT bom); 71-90 pontos (nível de QVT muito bom) e 91 ou mais pontos (nível de QVT excelenteOs questionários foram adaptados para a plataforma do Google Forms. Os resultados foram entregues em tabelas as quais foram preenchidas pelas palavras contidas nas questões, sendo necessário converter as respostas para aplicação das análises.

Quanto a conversão, utilizou-se a ferramenta Localizar e Substituir, sendo realizadas as conversões por áreas de cada um dos questionários. A fim de atribuir as notas por essa ferramenta, foi configurada a fórmula, para substituir "Nada"; "Nunca" e "Péssimo" por 5, "Raramente"; "Muito Pouco" e "Razoável" por 4, "Mais ou menos"; "Às vezes" e "Mediano" por 3, "Bastante"; "Repetidamente" e "Bom" por 2 e "Extremamente Satisfeito"; "Excelente" e "Sempre" por 1.

As questões "19) Sente-se cansado após uma noite de sono?" "21) Você se sente com sonolência durante o dia? " e "22) Necessita de remédios para dormir?" a fórmula utilizada para atribuir notas foi invertida atribuindo-se 1 ponto para a resposta "Nada", 2 para "Raramente", 3 para "Às vezes", 4 para "Repetidamente" e

5 para "Sempre". Pois nessas questões as respostas "sempre" representam um maior nível de estresse.

Os instrumentos mencionados são autoaplicáveis, entretanto esta pesquisa decidiu pela entrevista direta, pois a pesquisadora conduziu a entrevista, por meio de tablets conectados à internet, a fim de dirimir quaisquer dificuldades quanto a utilização da tecnologia, bem como, de possíveis dúvidas.

A análise estatística foi realizada a partir da correlação de Spearman entre as questões dos dois questionários; Kruskal-Wallis para o QVT-25 e o StreQ-25, comparando três grupos por tempo de trabalho (De 1 ano a 4 anos; de 5 anos a 10 anos; 11 anos ou mais) e para os domínios do QVT-25: variedade, autonomia e feedback, identidade, significância e motivação, e do StreQ-25: ambiente de trabalho, relações sociais, lazer, sono, foi utilizado estatística descritiva (média, mediana e desvio padrão). Sendo adotado durante toda a análise $p \leq 0,05$ como nível de significância, sendo utilizado o programa SPSS22.

Os resultados e discussões, serão apresentados conforme segue.

O nível de escolaridade encontrado na amostra foi de: Colaboradores com o ensino médio completo (47%); Ensino médio incompleto (19%); Ensino Fundamental completo (31%) e Pós Graduação 3%.

TABELA 1- Comparação por tempo de trabalho do nível de QVT e Estresse entre os colaboradores.

	Valor de P	Hipótese	Mediana de Idade		
			De 1 a 4 anos	De 5 a 10 anos	De 11 anos ou mais
QVT - 25	0,25	Rejeita-se H0	61	53	67
H0		A distribuição de Qualidade de Vida no Trabalho não apresenta diferença significativa entre as categorias de grupo.			
H1		A distribuição de Qualidade de Vida no Trabalho apresenta diferença significativa entr ao menos uma categoria de grupo.			
STRE Q - 25	0,277	Aceita-se H0	75	78	72
H0		A distribuição de estresse não apresenta diferença significativa entre as categorias de grupo.			
H1		A distribuição de estresse apresenta diferença significativa entre ao menos uma categoria de grupo.			

Fonte: A própria autora.

A categoria de 5 a 10 anos de trabalho, apresentou diferença significativa na pontuação do QVT-25 quando

comparada as demais categorias de grupo.
H0 – Quando se tem diferença significativa, rejeita-se H0.

Quanto a categoria de colaboradores com tempo de trabalho de 5 a 10 anos, esta apresentou a QVT significativamente menor, quando comparada com os colaboradores que trabalham de 1 a 4 anos e acima de 11 anos. Entretanto, todos os grupos foram classificados com uma QVT considerada "boa".

Para Oliveira (2017), a satisfação no trabalho é a base para a construção da QV, já que o trabalho ocupa a maior parte da vida de um ser humano, estabelecendo relações e dimensionando possibilidades de maior, ou menor valor social.

Quando questionados sobre quão satisfeitos os colaboradores estavam a respeito de sua QVT, foi obtido à pontuação: Muito insatisfeito (3%); Insatisfeito (22%); Mais ou menos (34%); Satisfeito (31%) e Muito satisfeito (34%).

Os valores são obervados no (Gráfico 1).

Gráfico 1- Nível de satisfação subjetivo relacionado à QVT.

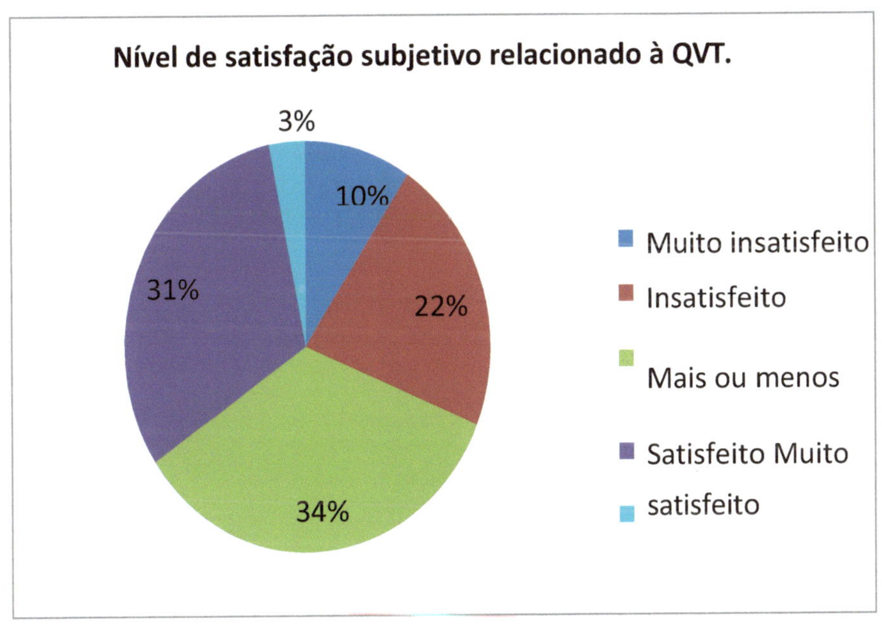

Fonte: A própria autora.

Para Paschoal (2004), as avaliações subjetivas são limitadas podendo ser instáveis e errôneas, sujeitas às variações do cotidiano. Portanto, o que hoje é considerado como uma percepção de boa QVT, pode não ser mais daqui a algum tempo, ou mudar repentinamente, dependendo do estado de espírito ou até mesmo, do humor do colaborador.

A distribuição de estresse entre os colaboradores por tempo de trabalho, não mostrou diferença significativa entre os grupos. Apesar disto, todos os grupos foram classificados com nível de estresse "ruim".

Quando questionados sobre quanto avaliavam de maneira subjetiva o seu nível de estresse, os colaboradores responderam: Extremo (13%); Elevado (28%); Moderado (34%); Baixo (25%) e Baixíssimo (13%).

Gráfico 2 – Nível de estresse subjetivo.

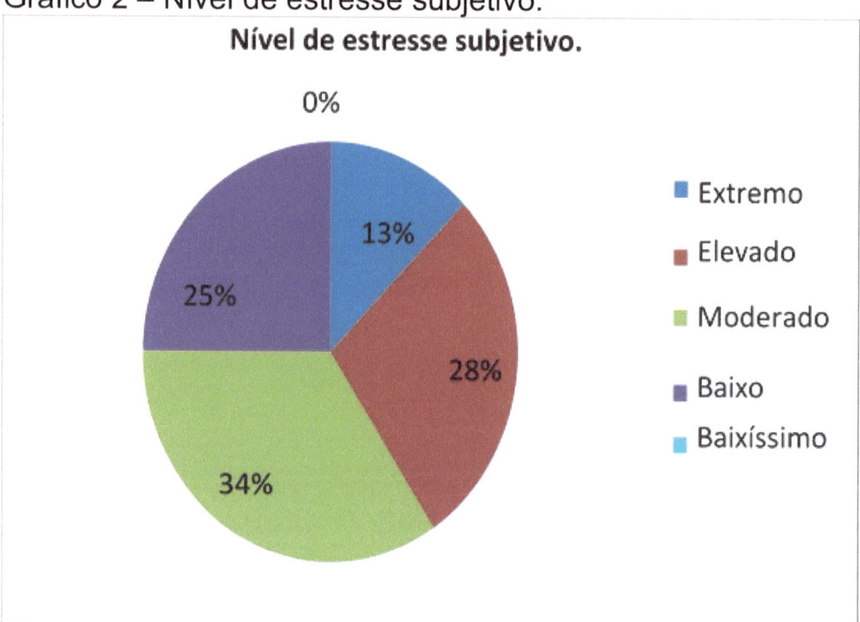

Fonte: A própria autora.

O (Gráfico 2), mostra um nível de estresse elevado, quando associado a um bom nível de QV, mas que nem sempre pode ser sinônimo de uma situação ruim, em algumas empresas é possível observar que as equipes que possuem um melhor desempenho, são as mesmas que detêm os profissionais menos satisfeitos (GARRAD, 2018). Segundo o autor o indivíduo deve buscar encontrar um equilíbrio no nível de estresse.

O estresse, em dosagem adequada, pode oferecer ao indivíduo melhores condições para reagir e tomar decisões, atuando enquanto elemento positivo, que propulsiona a aquisição de habilidades e superação de obstáculos (POLETTO; KOLLER; DELL'AGIO, 2009).

Na (Tabela 2), pode-se observar as Correlações de Sperman, entre os domínios dos dois instrumentos.

TABELA 2 - Correlação de Spearman entre os dominios do QVT -25 e
StreQ -25, QVT - 25, StreQ -25, Idade, IMC e N° de alunos por escola

Correlação	QVT - 25	StreQ - 25
QVT - 25	1	-0,739*
StreQ - 25	-0,739*	1
Variedade	0,671*	-0,416**
Autonomia	0,748*	-0,732*
Identidade	0,824*	-0,598*
Significância e Motivação	0,871*	-0,707*
Ambiente de Trabalho	-0,815*	0,621*
Relações Sociais	-0,515*	0,852*
Lazer	0,744*	0,673*
Sono	0,336	0,076
Idade	0,437*	-0,315
IMC	-0,077	-0,051
N° de alunos por escola	-0,138	-0,183

Legenda: * a correlação é significativa no nível 0,01. ** a correlação é significativa no nível 0,05.
Fonte: A própria autora.

Verifica-se que na tablea 2 há uma forte correlação inversamente proporcional entre as variáveis do QVT-25 e do StreQ-25 (p -0,739), com significância estatística no nível 0,01, sendo assim, interfere-se que a medida que o nível de QVT dos indivíduos aumenta, o nível de estresse diminui. Essa relação é extremamente relevante, pois como o é estressse é causador de doenças, os seres humanos, precisam se esforçar para haver equilíbrio entre; trabalho, família e lazer. Aqueles que não seguem o equilíbrio entre essa tríade, adoessem e acabam falhando em alguma dessas áreas.

Todavia, quando questionados sobre qual o nível de satisfação pessoal em relação ao salário ofertado, obteve-se as seguintes respostas: Péssimo (41%); Razoável (37%); Mediano (19%) e Bom (3%).

É o que pode ser observado no (Gráfico 3).

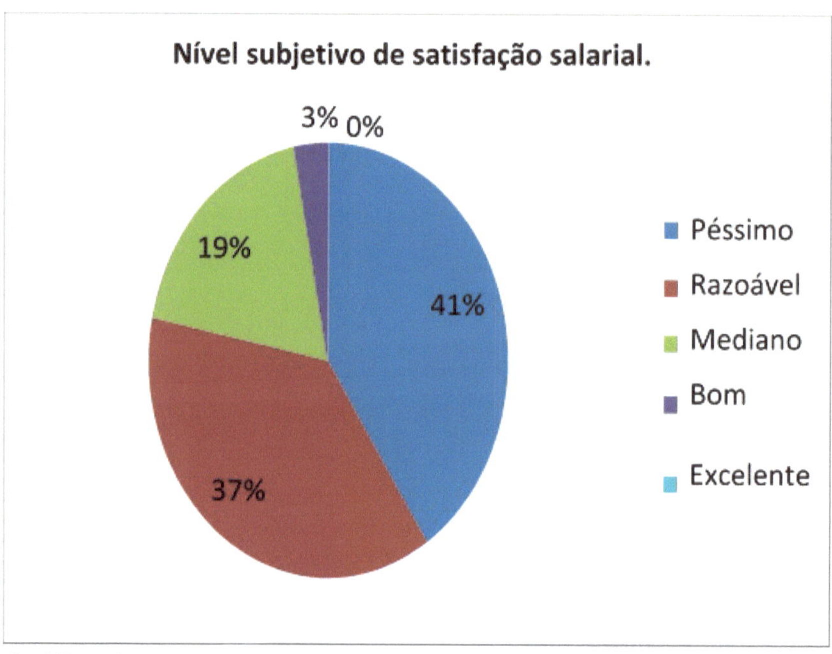

Gráfico 3 – Nível subjetivo de satisfação salarial.
Gráfico 3 - Nível subjetivo de satisfação salarial.
Fonte: A própria autora.

Segundo Conte (2003), os funcionários motivados, capacitados e bem remunerados podem ter desempenho acima da média, reduzindo custos, apresentando melhores soluções aos clientes e gerando, como consequência, maior vitalidade financeira à empresa.

A motivação é um fator que atua diretamente sobre a produtividade. Segundo Hoop (1998), com ela as capacidades dos funcionários serão usadas com mais eficácia, satisfação e QVT.

Entretanto, ressalta-se que houve uma forte correlação entre as variáveis, Autonomia e QVT-25 (p 0,748);

Identidade e QVT-25 (p 0,824); Significância e Motivação e QVT-25 (p 0,871). Sendo assim, interfere-se que à proporção que a QVT se eleva, também se se eleva os níveis de satisfação relacionados à autonomia ofertada pela empresa aos colaboradores e identificação pessoal com o trabalho.

Todavia, pode-se observar no (Gráfico 4), valores relativos a satisfação com o
lazer.

Gráfico 4 - Nível subjetivo de satisfação relacionada ao lazer.

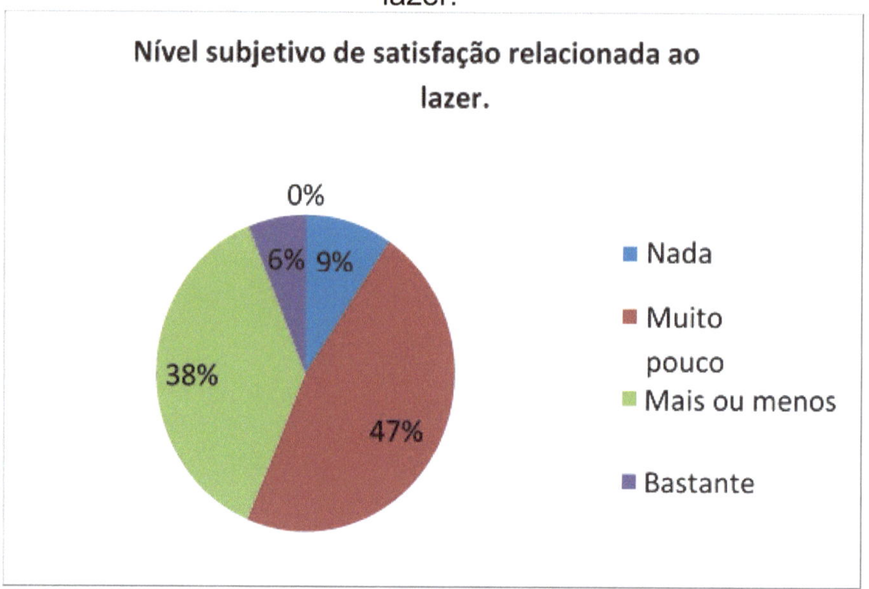

Fonte: A própria autora.

Quando levantado o questionamento a respeito do nível de satisfação individual sobre o tempo destinado pelos colaboradores ao lazer, obteve-se o seguinte score: Nada (9%); Muito pouco (47%); Mais ou menos (38%) e Bastante (6%).
Esta análise corrobora com os argumentos de Robbins (2005, p.19), o qual afirma que o trabalho está ocupando cada vez mais o espaço da vida pessoal dos trabalhadores e eles não estão satisfeitos com isso.

O lazer promove o equilíbrio da personalidade, libera e renova energias, proporciona segurança emocional e contribui para os processos de ensino aprendizagem (AGUIAR, 2004). Essa compreensão justifica a relevância e a atenção que devem ser destinadas ao lazer. O estresse, segundo Rios (2006), interfere junto à QV, modificando a maneira como o indivíduo interage nas diversas áreas da sua vida; quase sempre interferindo no tempo destinado ao lazer e na área familiar.

Quando questionados a respeito da frequência na qual realizavam atividades físicas de maneira ativa, os colabores responderam: Nunca (35%); Raramente (34%); Às vezes (25%) e Repetidamente (6%). Pode-se observar isso, no (Gráfico 5).

Gráfico 5 - Frequência na qual realizavam atividades físicas de maneira ativa.

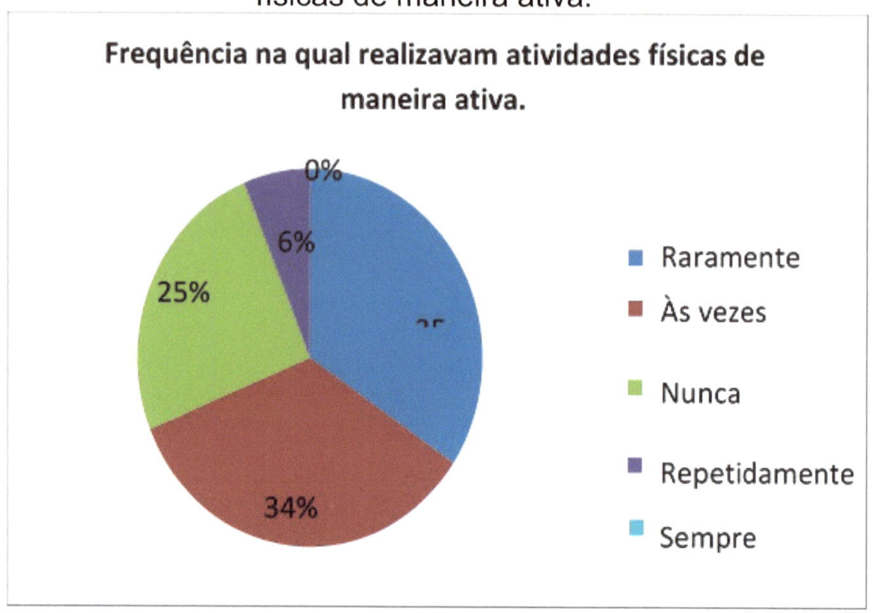

Fonte: A própria autora.

Atualmente, sabe-se que o exercício físico tem influência direta sobre a QV, gerando resultados benéficos na capacidade funcional e na aptidão física. Os benefícios oriundos do aumento do nível de AF habitual se estendem desde a melhora da capacidade funcional, regulação da pressão arterial, redução do risco de doenças cardiovasculares, osteoporose, diabetes e certos tipos de câncer (HEIKKINEN, 1998).

Segundo Mello (2013) o exercício físico, ao auxiliar na

consciência neuromuscular, no funcionamento cardiorrespiratório e na manutenção do peso corporal, assim como, promover o bem-estar geral, atua reduzindo a ansiedade e os sintomas de depressão. Sendo assim, o exercício físico pode servir para reduzir os efeitos tensionais gerados pelo estresse.

Entretanto, foi observada uma fraca correlação entre as variáveis dos protocolos QVT- 25, sendo Sono (p 0,336); QVT-25 e idade (p 0,434); StreQ-25 e Idade (p - 0,315); QVT-25 e n° de alunos por escola (p -0,138); StreQ-25 e n° de alunos por escola (p - 0,183). Todavia, não foi possível denotar uma correlação significante entre estas variáveis.

Não obstante, foi verificada uma ausência de correlação entre as variáveis QVT-25 e IMC (p - 0,077); StreQ-25 e IMC (-0,051).

Gráfico 6 – Média dos domínios de QVT.

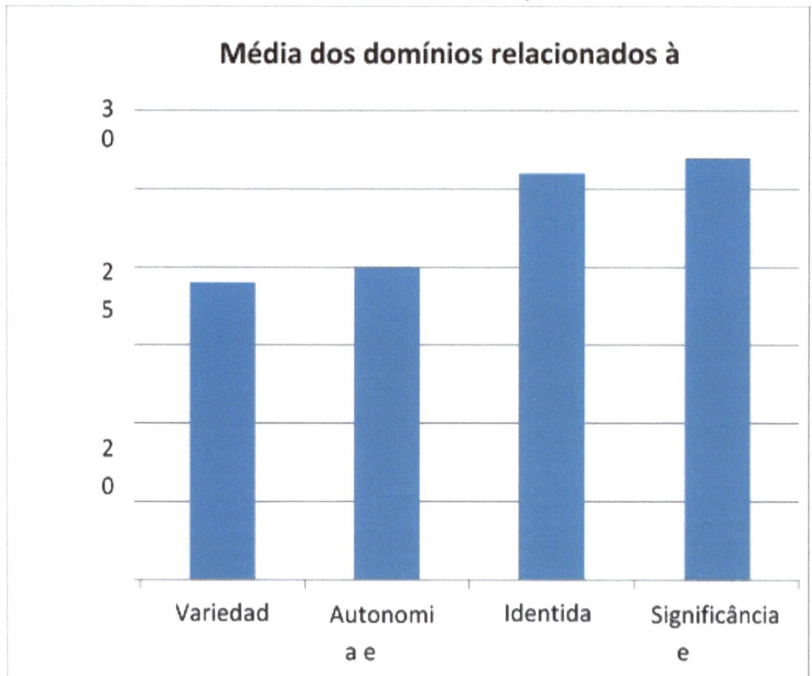

Fonte: A própria autora.

Todavia, no gráfico 6 o domínio Variedade relacionado à QVT, foi o que apresentou menor média entre os avaliados com 16%, sendo que o domínio Significância e Motivação apresentou 27% sendo o que apresentou melhor média entre as avaliadas. Os outros domínios apresentaram as seguintes médias em escala crescente de avaliação: Autonomia e Feedback 20% e Identidade 26%.

Os domínios relacionados ao estresse apresentaram a seguinte escala crescente de avaliação: Relações Sociais 14%, Ambiente de Trabalho 16%, Lazer 20% e Sono 24%. Pode-se observar isso, no (greáfico 7).

Segundo Buysse e Ganguli (2002), as perdas ocupacionais mais frequentes relacionadas a distúrbios no sono, são o absenteísmo, a diminuição na qualidade e produtividade do trabalho e o aumento no risco de acidentes. De aocordo com os autores, os déficits de cognição decorrentes dos distúrbios de sono como desatenção, baixa concentração e falhas de memória podem ainda agravar as perdas ocupacionais.

Gráfico 7 – Média dos domínios relacionados ao Estresse.

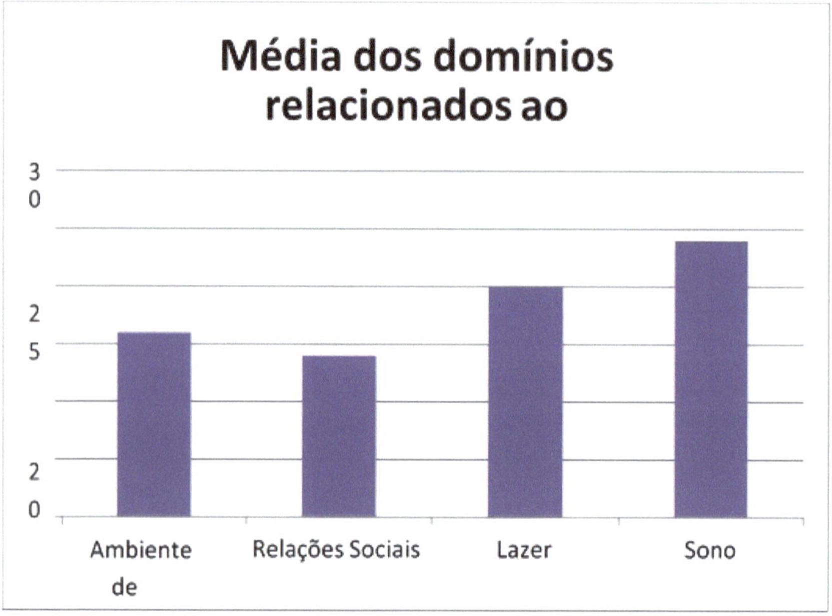

Fonte: A própria autora.

CONCLUSÃO

A presente pesquisa concluiu que serventes escolares da rede Municipal de Educação da cidade de Ponta Grossa, apresentam uma QVT considerada boa. Em contrapartida, a percepção desta população sobre o estresse, a classificou como ruim, merecendo assim, uma maior atenção por parte dos órgãos administrativos competentes. O domínio Variedade (relacionado à QVT) apresentou a média mais baixa entre os avaliados. O domínio Sono (relacionado ao estresse) apresentou a pontuação mais elevada pertinente ao nível de estresse.

A atividade física pode servir como um meio que visa reduzir os efeitos tensionais gerados pelo estresse. Apresentando correlação direta e positiva sobre a QVT. Diante disto, pode-se estabelecer a relevância que um padrão de movimento ativo é capaz de beneficiar esta população.

Quanto a grande insatisfação salarial apresentada pelos colaboradores, sugere-se que as empresas designem mais atenção à situação, pois esse é um fator que quando associado à desmotivação, pode gerar um quadro de estagnação na produtividade e rendimento do colaborador.

Sendo assim, conclui-se a relevância em analisar a percepção dos níveis de QVT e Estresse de uma determinada população, já que pesquisas como essas trazem grandes benefícios aos colaboradores e as empresas, pois estes conseguem realizar uma autoanálise e desta forma, melhorar suas posturas adotadas durante o trabalho e suas atividades de vida diária.

REFERÊNCIAS

AGUIAR, M, F. Lazer e Produtividade do Trabalho. **Revista Turismo em análise**, v.11, n.2, p. 111-124,2004.
ALMEIDA, M. A. B.; GUTIERREZ, G. L.; MARQUES, R. **Qualidade de Vida, definições conceitos e interfaces com outras áreas e pesquisa**. Escola de ed. São Paulo: [s.n.].

BARBOSA, S. R. S. Qualidade de Vida e ambiente: uma temática em construção. In: BARBOSA, Sônia Regina da Cal Seixas (org.). **A temática ambiental e a pluralidade do Ciclo de Seminários do NEPAM**. Campinas: UNICAMP, NEPAM. Campinas 1998, p. 401- 423.

BUISSE, D. GANGULI, M. Can sleep be bad for you? Can insomnia be good?

Archives of General Psychiatry, v. 59, n.2, p. 137-138, 2002.

CONTE, A. L. Qualidade de vida no trabalho. **Revista FAE business**, V.12, n.7, p.13-15, 2003.

COUTO, H. de A. Stress e qualidade de vida do executivo. In: **Stress e qualidade de vida do executivo**. Cop, 1987.

EDWARDS, J. R.; COOPER, C. L. The person-environment fit approach to stress: recurring problems and some suggested solutions. **Journal of organizational behavior**, v. 11, n. 4, p. 293-307, 1990.

FERREIRA, D.; BONFIM, C.; GIRALDO, L. Fatores associados ao estilo de vida de policiais militares. Factors associated with the lifestyle of military police officers. **Ciência & Saúde Coletiva**, v. 16, p. 3403–3412, 2009.

FRANÇA, L. H. de F. P.; MENEZES, G. S.; SIQUEIRA, A. da R. Planejamento para aposentadoria: a visão dos garis. **Revista Brasileira de Geriatria e Gerontologia**, v. 15, n. 4, p. 733–745, 2013.

GARRAD, L. Disponível <https://epocanegocios.globo.com/Carreira/noticia/2018/07/ estresse-no-trabalho- nem-empre-e-ruim.html>. Acesso em 14 nov. 2019.

Dissertação (Mestrado) – Universidade Tecnológica Federal Do Paraná, Programa de Pós-Graduação em Engenharia de Produção, Ponta Grossa, 2012.

HEIKKINEN, R. L. **The role of physical activity in healthy aging**. Geneva, Switzerland: World Health Organization, Ageing and Health Pro-gramme, 1998.
LAZARUS, R. S. **Stress and coping: An anthology**. Columbia university press, 1977.

LEVERING, R. **Um excelente lugar para se trabalhar: O que torna alguns empregadores tão bons (e outros tão ruins)**. Rio de Janeiro: Qualitymark Editora, 1995.

LIMONGI, F. Stress e trabalho: uma abordagem psicossomática. **Revista Brasileira de Psicologia**, v.11, p.17-32, 2005.

LIPP, M. E. N. Stress no trabalho: implicações para a pessoa e para a empresa. **FPN** SOBRINHO, I. NASSARALLA. **Pedagogia Institucional: fatores humanos nas organizações.** Rio de Janeiro: Zit Editora, 2005.

MELLO, M. T. et al. Relationship between physical activity and depression and anxiety symptoms: a population study. **Journal of Affective Disorders**, Amsterdam, v. 149, p.

241-246, 2013.

OLIVEIRA, H. F. R. et al.QVT-25: Construção e Validação de um Instrumento de Avaliação da Qualidade de Vida no Trabalho. **Revista CPAQV – Centro de Pesquisas Avançadas em Qualidade de Vida** | Vol. 9 | Nº. 1 | Ano 2017a.

PASCHOAI, S, M, P. **Qualidade de vida do idoso: construção de um instrumento de avaliação através do método do impacto clínico**. São Paulo: Faculdade de Medicina/USP; 2004. 227p.

PEREIRA, E. F.; TEIXEIRA, C. S.; SANTOS, A. DOS. Qualidade de vida: abordagens, conceitos e avaliação. **Revista Brasileira de Educação Física e Esporte**, v. 26, p. 241–250, 2012.

PHILLIP, I.; OLIVEIRA, T. Incapacidade por lombalgia em trabalhadores do setor de limpeza da Universidade de Mogi das Cruzes. **Revista de Atenção a Saúde**, v. 7, n. 22, p. 68–73, 2009.

POLETTO, M.; KOLLER, S. H.; DELL'AGLIO, D. D. Eventos estressores em crianças e adolescentes em situação de vulnerabilidade social de Porto Alegre. **Ciência & Saúde Coletiva**, v. 14, n. 2, p. 455-66, 2009.

RIOS, O. F. L. (2006). Níveis de estresse e depressão em estudantes universitários. **Dissertação de mestrado**. Pontifícia Universidade Católica, São Paulo.

ROBBINS, S. Comportamento Organizacional. São Paulo, **Pearson Prentice Hall**, v.15, n.3, p.11-17, 2005.

SELYE,H. The syndrome produced by diverse nocuous agents. **Nature**, v. 138, n. 3479, p. 32, 1936.

SERAFIM, A. DA C. et al. Riscos Psicossociais e Incapacidade do Servidor Público: Um Estudo de Caso.

Psicologia, saúde e profissão, v. 32, n. 3, p. 686–705, 2012. WALTON, Richard. Quality of working life: what is it? **Sloan Management Review**, Cambridge, v.5, n.1, 1973.

CAPÍTULO 2

PERCEPÇÃO SOBRE OS NÍVEIS DE ESTRESSE E QUALIDADE DE VIDA NO TRABALHO DE ASSISTENTES SOCIAIS QUE ATUAM EM HOSPITAIS DO MUNICÍPIO DE PONTA GROSSA/PR

AUTORES
Maryá Hass
José Ricardo Lourenço de Oliveira
Heleise Faria dos Reis de Oliveira

INTRODUÇÃO

Contemporaneamente, o termo Qualidade de Vida no Trabalho (QVT), têm se apresentado como relevante conceito, no meio das organizações, pois está diretamente relacionado a produtividade, absenteísmo e relações interpessoais do colaborador no ambiente organizacional.

Não obstante, estudiosos também, tem pequisado uma outra varíavel capaz de influenciar negativamente e ou positivamente na QVT que é o estresse, já que este está intimamente ligado a forma como o ser humano se adapta, reage as suas atividades de vida diárias (AVDs).

O estresse ocupacional, surge das pressões do ambiente de trabalho, eventos e ou a situações emergentes as quais submetem o indivíduo a grandes esforços, físicos e ou emocionais, vindo a desequilibarar a homeostase, acarretando prejuizos aos aspectos; físicos, emocionais e sociais.

Sendo assim, os níveis de estresse e a QVT, além de influir positivamente o colaborador em seu ambinte laboral, é capaz de influenciar negativamente, vindo afetar as mais diversas situações da vida do ser humano, fora do ambiente organizacional, refletindo-se na vida pessoal, familiar e inclusive em suas relações sociais.

Desta forma, as empresas necessitam de um profissional que venha contribuir com a QVT, promovendo a autonomia e a emancipação social, levando o colaborador a agir de acordo com as consequêcias de seus atos, bem como, se conscientizar sobre a garantia de seus direitos.

Para tanto, a função do Assistente Social em uma empresa, tem a função de extinguir as tensões sociais, estimular o processo produtivo entre os colaboradores, limitar o absenteísmo, agir entre a convivência dos pares no ambiente organizacional e tornar possível os benefícios sociais (IAMAMOTO, 2005).

Sob esta ótica, esta pesquisa objetivou identificar e anlisar a percepção dos níveis de estresse e da QVT de Assistentes Sociais e seus Residentes que atuam em hospitais do municipio de Ponta Grossa, a fim de proporcionar a estes, uma maior conscientização da necessidade de um envelhecimento saudável e ainda, assegurar um melhor desempenho profissional, pois conhecer a própria QVT pode oportunizar um estilo de vida mais saudável, dentro e fora do ambiente organizacional.

Para tanto, a questão norteadora desta pesquisa foi: Qual a percepção dos níveis de estresse e QVT dos Assistentes Sociais e seus Residentes, em hospitais do município de Ponta Grossa/PR?

Dentre os pesquisadores que podem contribuir para este tema tem-se: Oliveira (2017a), Nahas (2013) Fleck (2002), entre outros.

A presente pesquisa tem como objetivo apresentar uma pesquisa descritiva, examinar e discutir os níveis de estresse e a QVT do Assistente Social e seus residentes, dentro do ambiente hospitalar.

Portanto, primeiramente fora feita uma revisão bibliográfica, obtida nas bases de dados; EMBASE, MEDLINE, Lilacs, SCOPUS, por meio dos termos relacionados a QVT, estresse e a atuação do Assistente Social e seus Residentes em hospitais. Concomitantemente, foram descritos os métodos que foram utilizados para a avaliação da QVT e recursos para melhorá-la.

Esta pesquisa preocupou-se em identificar os níveis de estresse e a QVT de Assistentes Sociais e seus Residentes, visto que suas ações encontram-se ligadas às novas formas de gestão, requisitadas pelas mudanças tecnológicas e das organizações, em paralelo ao processo produtivo. Pois, conforme Netto (2001), trata-se de um colaborador preparado para observar e administrar a força de trabalho, nas organizações.

Sob esta ótica, esta pesquisa justifica-se devido a escassez de estudos específicos que mensurem o estresse e a QVT da população investigada, bem como, a carência de ferramentas na *Web*, de fácil acesso para avaliar o tema proposto e que venham facilitar a coleta, armazenamento e tratamento de dados relativos a QVT.

Mormente ainda, o tema investigado apresenta sua relevância para as organizações, e especificamente, sua atuação frente aos hospitais do município de Ponta Grossa, visto que seu papel é essencial para a organização do ambiente organizacional.

Não obstante, identificar os níveis de estresse e da QVT da população proposta, torna-se relevante pois as caraterísticas desses profisisionais, bem como, suas atuações junto a hospitais, podem propiciar um aumento exacerbado do estresse para os mesmos, visto que sempre estão a inferir e a administrar conflitos das relações humanas nesses ambientes, o qual pode desencadear vários comportamentos de risco como; depressão, tabagismo, desencorajamento para realizar hábitos saudáveis, como atividade física e alimentação balanceada, que acabam por prejudicar a QVT (OLIVEIRA, 2017a).

Qualidade de Vida no Trabalho e Estresse

Qualidade de Vida (QV), é um termo muito abrangente, o qual não existe um conceito absoluto. Para Oliveira et al. (2017a), "é um estado de satisfação individual que permeia os aspectos psíquicos, fisiológicos, sociais e financeiros" (p. 21).

Em 1995 a Organização Mundial da Saúde – OMS, definiu QV como "a percepção do indivíduo de sua inserção na vida no contexto da cultura e sistemas de valores nos quais ele vive e em relação aos seus objetivos, expectativas, padrões e preocupações" (ALMEIDA, GUTIERREZ E MARQUES, 2012, p. 20). Essa definição da OMS vinculou a QV à mensuração de indicadores da área da saúde.

Já para ouros autores (ALMEIDA, GUTIERREZ E MARQUES, 2012) "O universo de conhecimento em QV se expressa como uma área multidisciplinar de conhecimento que engloba, além de diversas formas de ciência e conhecimento popular, conceitos que permeiam a vida das pessoas (p. 14)". Ou seja, os autores acreditam que vários aspectos influenciam a QV das pessoas e da sociedade. Tornando-se relevante entender sobre a QV da população, para que ações de conscientização sejam tomadas, a fim de que as pessoas entendam "de que forma estão errando" e desta forma, alterar seus hábitos diários.

Sob esta ótica, as empresas sinalizam também, suas preocupações relacionadas a QVT, pois esta, assim como a QV, é capaz de influenciar nas mais diversas áreas da vida de um ser humano, já que este passa a maior parte de seu tempo no ambiente de trabalho, o que tem causado grande apreensão por parte dos estudiosos do assunto, pois o advento tecnológico tem exigido, maior dedicação do colaborador as atividades laborativas que por sua vez, encontram-se desprovidas de prazer, pois às vezes, apresentam-se fragmentadas e com exigências diferenciadas, tornando-se incompatível com o meio familiar e social. (OLIVEIRA, 2017a)

Ainda conforme Oliveira (2017a), a QVT também se baseia na percepção de bem-estar, diferindo de pessoa para pessoa, mesmo que os hábitos diários sejam similares. Já o estilo de vida tornou-se um dos determinantes da saúde, percebendo-se que seus aspectos influenciam diretamente a saúde do indivíduo e da população, juntamente com os comportamentos de risco como; alimentação inadequada e sedentarismo, capazes de influenciar negativamente a QVT.

Para a autora, os parâmetros inerentes de pessoa para pessoa, estes são; hereditariedade e estilo de vida, sendo que inseridos no estilo de vida estão: hábitos alimentares; controle do estresse; atividade física habitual; relacionamentos e comportamento preventivo. Já parâmetros socioambientais são: moradia; transporte e segurança; assistência médica; condições de trabalho e remuneração; educação; opções de lazer; meio ambiente e cultura.

Mormente, para Nahas (2013, p. 267). "Mais do que nunca, nossas escolhas e decisões cotidianas – nosso estilo de vida – têm afetado a maneira como vivemos e por quanto tempo vivemos", ou seja, o autor refere-se, como se dá o comportamento humano e que as escolhas são individuais e estas influenciarão a vida que cada um escolher viver, podendo-se ainda exemplificar as escolhas como; comportamentos operantes, cujas respostas aos estímulos negativos e ou positivos refletirão em determinadas consequências.

Os estímulos mencionados pelo autor, por sua vez, podem causar um estado de desequilíbrio no indivíduo, denominado estresse, que atualmente é considerado um processo bio-psico-social, o qual depende de características individuais que interagem de forma significativa com o ambiente social em que o sujeito está inserido.

As tensões do ambiente de trabalho, como os conflitos interpessoais que os Assistentes Sociais enfrentam no seu cotidiano profissional, podem desencadear o estresse ocupacional.

Paschoal e Tamayo (2004, p. 46), definem o estresse ocupacional como "um processo em que o indivíduo percebe demandas do trabalho como estressores, os quais, ao exceder sua habilidade de enfrentamento, provocam no sujeito reações negativas".

O estresse ocupacional pode ser descrito como um complexo grupo de fenômenos e não consequências de apenas um único fator externo que age sobre o trabalhador, sendo entendido como um reflexo tensional experimentado pelo trabalhador diante de estímulos estressores que surgem no contexto de trabalho e são percebidos como ameaças à sua integridade. Essas reações podem prejudicar a interação da pessoa com o trabalho e com o ambiente de trabalho. (CANOVA; BARREIROS PORTO, 2010)

Sendo assim, problemas no trabalho podem desencadear o estresse que em doses excessivas, culmina em problemas psicológicos e físicos, resultando em perda de produtividade, afetando os relacionamentos sociais do indivíduo. A despeito disto, pode-se pensar que o estilo de vida, reflete tanto, nos aspectos familiares e sociais, como no trabalho, pois aqueles que conseguem o equilíbrio entre as atividades familiares e socias, também conseguem esse equilíbrio, no ambiente corporativo, resultando em uma melhor QVT.

A Inserção do Serviço Social no âmbito hospitalar

Pôde-se perceber que são vários os aspectos que influenciam a QV, bem como a QVT, como os aspectos da experiência humana e de relacionamento pessoal que se encontram presentes também, no cotidiano de um Assistente
Social.

Os Assistentes Sociais são os profissionais graduados em Serviço Social (curso de graduação reconhecido pelo Ministério da Educação), que possuem registro no Conselho Regional de Serviço Social (CRESS), do estado em que trabalham.

As competências e atribuições privativas desses profissionais, estão previstas nos artigos 4º e 5º da Lei 8.662/1993. Entre suas competências estão: analisar; elaborar; coordenar e executar planos; programas e projetos para viabilizar os direitos da população e seu acesso às políticas sociais; como: a saúde; a educação; a previdência social; a habitação; a assistência social e a cultura. (CRESS, s.d.)

O Assistente Social, deve possuir uma ação técnico-política, a qual deve responder pelas imposições relacionadas à reprodução material da força de trabalho e ao controle das formas interativas entre empregado e empresa, cooperando para o incremento da produtividade as organizações.

Todavia, uma pesquisa realizada em 2012 sobre a atuação do Assistente Social no âmbito hospitalar, apresentou alguns limites para a atuação do profissional.

Segundo Moro e Acioly (2012), existe uma ausência/insuficiência de recursos para garantir condições adequadas de trabalho. Além das demandas atribuídas a profissão, como; orientação sobre benefícios previstos pela política de assistência social e acompanhamento dos usuários em atendimento e de seus familiares, os Assistentes Sociais acabam executando funções que não correspondem as suas atribuições profissionais ou acabam se contrapondo ao disposto no código de ética profissional como; intervir no setor de internamento para garantir que o paciente de alta desocupe o leito, disponibilizando-o para outro usuário que aguarda por atendimento. Nesse aspecto o Assistente Social acaba produzindo a lógica "produtivista", cumprindo objetivos da instituição e distanciando-se da possibilidade de ações e princípios conforme o Projeto Ético-Político do Serviço Social.

Desta forma, a falta de planejamento das ações na instituição, limita o exercício da autonomia e das ações profissionais que acabam se tornando rotineiras e sem finalidade definida. Os profissionais entrevistados no estudo de Moro e Acioly (2012), relatam haver um número insuficiente de profissionais, diante da demanda de usuários da instituição.

A despeito disto, fatores como a falta de planejamento nas instituições e baixa autonomia para os profissionais, desencadeiam um estresse cotidiano para os Assistentes Sociais nessas condições, que mesmo trabalhando com profissionais da saúde, acabam deixando a própria saúde de lado.

Segundo Trindade (2017), os Assistentes Sociais enfrentam condições de trabalho e questões delicadas, uma delas é em relação a jornada de trabalho por meio de plantões, com intensificação de 12 até 24 horas. Porém, tem-se percebido que essa intensificação da jornada de trabalho tem adoecido os Assistentes Sociais. A autora, também ressalta que as estruturas hospitalares estão crescendo e as ações profissionais dos Assistentes Sociais encontram-se muito presentes (SEMINÁRIO NACIONAL DE SERVIÇO SOCIAL, 2017, p. 94-97).

Sobretudo, quando os Assistentes Sociais se encontram inseridos no âmbito hospitalar, em ações que estimulam a liberdade dos pacientes quanto ao processo terapêutico, possibilitando a reflexão sobre os aspectos que transcorrem seu diagnóstico.

Nesta perspectiva esta pesquisa caracterizou-se como descritiva, de análise quantiqualitativa, com o objetivo de identificar e analisar o estresse e a QVT de Assistentes Sociais em quatro hospitais do município de Ponta Grossa – Paraná.

A realização da pesquisa ocorreu em quatro hospitais, sendo 2 municipais (Hospital Municipal Amadeu Puppi (Pronto Socorro, P.S), Hospital da Criança João Vargas de Oliveira (H.C) e em dois hospitais particulares, que serão tratados nesta pesquisa como Hospital A e Hospital B, (por não aceitarem que o nome do hospital seja informado na pesquisa), do município de Ponta Grossa – PR, no período dos meses de agosto a setembro de 2019.

Fizeram parte da população investigada 17 Assistentes Sociais, sendo 11 Assistentes Sociais efetivos e 6 Residentes pertencentes a Residência Multiprofissional em Saúde Coletiva, com idade entre 21 e 60 anos, sendo 16 do sexo feminino e 1 do sexo masculino, cuja amostra, foi caracterizada como finita, não probabilística intencional e escolhida por conveniência, mediante aceitação em participar do estudo.

Quanto ao recrutamento da população, este foi dada por voluntariado, levando-se em consideração a totalidade dos entrevistados, sendo que as entrevistas ocorreram diariamente nos dois períodos do dia (manhã, tarde), no próprio local. A divulgação do estudo ocorreu através da equipe de coordenação a qual convidou os participantes a participarem da pesquisa, sendo informados sobre a relevância de responderem a pesquisa e assinarem o TCL.

A população incluída na pesquisa foram os Assistentes Sociais de ambos os sexos, com idades entre 20 e 60 anos que atuam nos hospitais incluídos na pesquisa.

Todavia, para os critérios de exclusão, excluiu-se os Assistentes sociais com idade inferior a 20 e superior a 60 anos, aqueles que não aceitassem participar da pesquisa e ou desistissem de responder algum dos questionários, a qualquer momento da pesquisa.

Esta pesquisa foi submetida e aprovada pelo CEP - Comitê de Ética em Pesquisa da Universidade Estadual de Ponta Grossa, UEPG, sob o protocolo n° 2.991.247.

Para tanto, os participantes assentiram o Termo de Consentimento Livre e Esclarecido (TCLE), e foram esclarecidos sobre o anonimato e garantia ao direito de retirar-se da pesquisa a qualquer momento, se assim desejassem.

Quanto aos instrumentos, foram utilizados dois instrumentos on-line, sendo um para identificar os níveis de estresse e outro para identificar a QVT, denominados: StreQ-25 e QVT25.

O StreQ-25 (Anexo B), é um instrumento que analisa o Estresse e a Qualidade de Vida, desenvolvido e validado por Oliveira et al. (2017b). Os itens foram elaborados com base em uma revisão de literatura sobre os principais componentes estressores que permeiam a vida do ser humano. O instrumento em questão, foi estruturado com 25 itens, divididos em quatro domínios, a saber: ambiente de trabalho; relações sociais (afetivas e familiares); lazer; sono. Cada domínio contém 6 itens, sendo que o último item (25°), avalia o estado de estresse geral do ser humano.

Quanto as respostas pertinentes as questões do StreQ-25; estas foram desenvolvidas na Escala de Lickert, optando-se por seguir, da "menor" percepção para a "maior" percepção; a fim de facilitar a sintaxe e a pontuação de cada um dos quatro domínios do StreQ-25.

Sua classificação para os resultados são: 0-20 pontos (nível de estresse está satisfatório, ou ideal); 21-45 pontos (nível de estresse regular); 46-70 pontos (nível de estresse ruim); 71-90 pontos (nível de estresse muito ruim) e 91 ou mais pontos (nível de estresse indesejável, péssimo ou talvez, a forma como foi respondida, torna o questionário inadequado).

Já o instrumento QVT-25 (Anexo A), analisa a Qualidade de Vida no Trabalho, sendo desenvolvido e validado por Oliveira et al. (2017a), disposto com 25 itens, divididos em quatro domínios, a saber: variedade; autonomia e feedback; identidade, significância – motivação. Cada domínio contém 6 itens, sendo que o último item (25°), avalia a percepção de QVT de forma geral do indivíduo.

As respostas concernentes ao tema do referido instrumento, foram elaboradas conforme a Escala de Lickert, decidindo-se, da "menor" percepção para a "maior" percepção; objetivando dispor a sintaxe e a pontuação de cada um dos quatro domínios.

A classificação para os resultados são: 0-20 pontos (nível de QVT ruim, ou a forma como foi respondida a questão, torna o questionário inadequado); 21-45 pontos (nível de QVT regular); 46-70 pontos (nível de QVT bom); 71-90 pontos (nível de QVT muito bom) e 91 ou mais pontos (nível de QVT excelente).

Os instrumentos foram adaptados para a plataforma do Google Formulários. Os resultados obtidos na plataforma foram entregues em tabelas as quais foram preenchidas pelas palavras contidas nas questões. Sendo assim, foi necessário converter as respostas para aplicação das análises.

Para conversão, utilizou-se a ferramenta Localizar e Substituir, sendo realizadas as conversões por áreas de cada um dos questionários. Para atribuir as notas por essa ferramenta, foi configurada a fórmula, para substituir "Nada"; "Nunca" e "Péssimo" por 5, "Raramente"; "Muito Pouco" e "Razoável" por 4, "Mais ou menos"; "Às vezes" e "Mediano" por 3, "Bastante"; "Repetidamente" e "Bom" por 2 e "Extremamente Satisfeito"; "Excelente" e "Sempre" por 1.

Nas questões "19) Sente-se cansado após uma noite de sono?" "21) Você se sente com sonolência durante o dia? "e "22) Necessita de remédios para dormir?" a fórmula utilizada para atribuir notas foi invertida atribuindo-se 1 ponto para a resposta "Nada", 2 para "Raramente", 3 para "Às vezes", 4 para "Repetidamente" e 5 para "Sempre". Pois nessas questões as respostas "sempre" representam um maior nível de estresse.

Os instrumentos mencionados são autoaplicáveis, entretanto esta pesquisa, decidiu pela entrevista direta, pois a pesquisadora conduziu a entrevista, por meio de tablets conectados à internet, a fim de dirimir quaisquer dificuldades quanto a utilização da tecnologia, bem como, de possíveis dúvidas.

A análise estatística foi realizada a partir da correlação de Pearson entre os dois questionários; Teste t independente para o QVT-25 e o StreQ-25, comparando sempre dois grupos (Hospital da Criança e Pronto Socorro) e para os domínios do QVT-25: variedade, autonomia e feedback, identidade, significância e motivação, e do StreQ-25: ambiente de trabalho, relações sociais, lazer, sono, sendo utilizado estatística descritiva (média, mediana e desvio padrão). Sendo adotado durante toda a análise p ≤ 0,05 como nível de significância, sendo utilizado o programa SPSS22.

Os dois hospitais particulares ficaram fora da análise estatística, devido a amostra não ser representativa (uma pessoa cada).

Os resultados e discussões seguiram da seguinte forma, a seguir.

O Hospital da Criança (HC), tem seu atendimento exclusivo para crianças e é o único hospital pediátrico municipal do Paraná. O Art. 2° da Lei N° 8.069, de 13 de julho de 1990 do Estatuto da Criança e do Adolescente – ECA, considera criança a pessoa até 12 anos de idade incompletos (BRASIL,1990). Em março/2019 passou a contar com um Pronto Atendimento Infantil que em seu primeiro mês de funcionamento teve um aumento de aproximadamente 15% nos atendimentos (Matéria do *Diário dos Campos*, 2019).

O Pronto Socorro é voltado para o atendimento de casos de urgência e emergência, para pessoas a partir de 12 anos completos. O Hospital funciona 24h por dia, assim como, o HC.

A População dessa pesquisa apresentou níveis de escolaridade altos, sendo 39% com Ensino Superior Completo, 33% com Pós-Graduação Completo e 28% Pós-Graduação Incompleto.

A mediana de score de estresse por escolaridade é apresentada no Gráfico 1.

Gráfico 1 – Estresse e escolaridade.

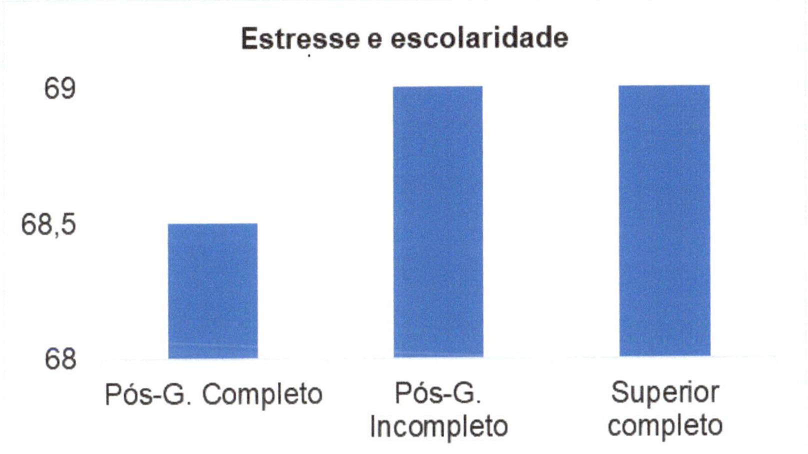

Fonte: A Autora.

Gomes et.al (2013), nos apresentam a relação entre nível de escolaridade e estresse, em que indivíduos com baixo nível de escolaridade (1°e 2° grau completos), apresentam um maior nível de estresse em comparação a indivíduos com nível de escolaridade superior (ensino superior completo).

Nesta pesquisa a diferença entre a mediana de score entre os assistentes sociais com diferentes níveis de escolaridade foi pequena, o que nos mostra que a escolaridade não interferiu no nível de estresse da população estudada.

Quanto ao estado civil da população, 47% são solteiros(as) e 53% casados(as).

O Gráfico 2 nos apresenta a mediana de estresse a partir do estado civil.

Gráfico 2 – Estresse e estado civil.

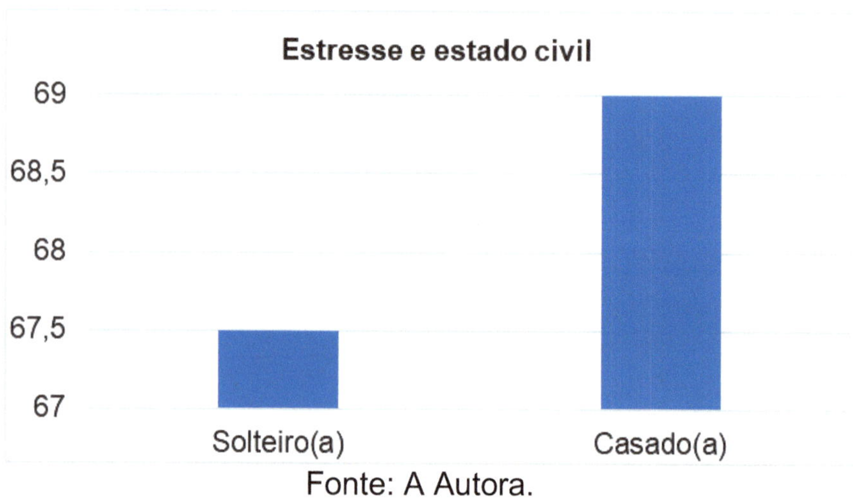

Fonte: A Autora.

Rodrigues e Ferreira (2011), apresentou os fatores geradores de estresse em enfermeiras de Unidade de Terapia Intensiva e as enfermeiras solteiras apresentaram níveis de estresse mais baixos em relação as enfermeiras casadas.

Nesta pesquisa a diferença entre a mediana de score entre os assistentes sociais solteiros e casados foi pequena, o que demonstra que o estado civil não interferiu no nível de estresse da população estudada.

A Tabela 1 apresenta os resultados do Teste t independente comparando os grupos de assistentes sociais do HC e assistentes sociais do Pronto Socorro (PS) e o score geral de QVT e estresse dos mesmos. Pode-se observar que não ocorreu diferença significativa no resultado de ambos os questionários, entre os dois grupos.

Tabela 1 – Comparação entre grupos.

	VALOR DO P	HIPÓTESE	MEDIANA 1 (P.S)	MEDIANA 2 (H.C.)
QVT-25	0,884	ACEITA-SE H0	63	58
HO -	As médias de QVT não apresentaram diferença significativa entre os dois grupos			

Tabela 1 – Comparação entre grupos.

Tabela 1 – Comparação entre grupos.
(conclusão)

	VALOR DO P	HIPÓTESE	MEDIANA 1 (P.S)	MEDIANA 2 (H.C.)
H1 -	As médias de QVT apresentaram diferença significativa entre os dois grupos			
STREQ-25	0,458	ACEITA-SE H0	68	69
HO -	As médias de estresse não apresentaram diferença significativa entre os dois grupos			
H1 -	As médias de estresse apresentaram diferença significativa entre os dois grupos			

Fonte: A autora.

H0 – Quando não se tem diferença significativa, aceita-se H0.

A Tabela 2 apresenta a mediana de score geral e por domínios do questionário StreQ-25, dos dois grupos de assistentes sociais.

Tabela 2 – Mediana, domínios do StreQ-25.

Domínios StreQ	Geral (n=17)	Pronto Socorro (n=7)	Hospital da Criança (n=8)
StreQ	69	68	69
Ambiente de Trabalho	16	17	15,5
Relações Sociais	14	17	12
Lazer	20	16	20
Sono	19	19	19,5

Fonte: A autora.

A Tabela 3 apresenta a mediana de score geral e por domínios do questionário QVT-25 dos dois grupos de assistentes sociais.

Tabela 3 – Mediana, domínios QVT-25. (continua)

Domínios QVT	Geral (n=17)	Pronto Socorro (n=7)	Hospital da Criança (n=8)
QVT	63	63	58
Variedade	14	16	13

Tabela 3 – Mediana, domínios QVT-25. (conclusão)

Domínios QVT	Geral (n=17)	Pronto Socorro (n=7)	Hospital da Criança (n=8)
Autonomia e Feedback	13	13	13
Identidade	16	15,5	16,5
Significância e Motivação	18	18	18

Fonte: A autora.

O grupo de assistentes sociais do Hospital da Criança apresentou um nível de estresse maior que o grupo de assistentes sociais do Pronto Socorro. Ambos os grupos apresentaram um nível de estresse ruim.

Já o grupo de assistentes sociais do Pronto Socorro apresentou um nível de QVT maior que o grupo de assistentes sociais do Hospital da Criança. Ambos os grupos, apresentaram um nível de QVT bom.

A Qualidade de Vida no Trabalho e o estresse apresentaram correlação fraca, inversamente proporcional e sem significância estatística em 95%.

Sendo assim, pode-se entender que a medida em que o estresse da população estudada sobe, a QVT cai, e a medida em que a QVT sobe, o estresse cai. (Correlação de Pearson = -0,217).

No questionário StreQ-25, os domínios lazer e sono foram os que presentaram maiores níveis de estresse. As facetas do domínio Lazer são: Satisfação no tempo livre, Atividades físicas no tempo livre e Tempo para si mesmo. As facetas do domínio Sono são: Má qualidade do sono, Sonolência diurna e interferência de humor.

O Gráfico 3 apresenta as respostas dos sujeitos à questão 15 do questionário StreQ-25: Procura por atividades físicas e ou mais ativas, durante seu tempo livre?

Gráfico 3 – Procura por atividades físicas em seu tempo livre.

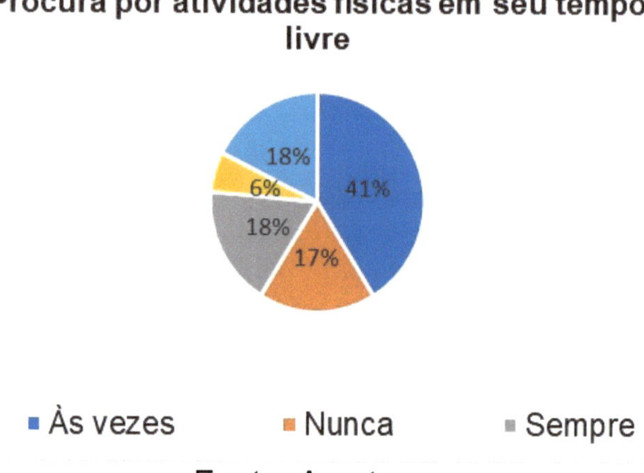

Fonte: A autora.

Os entrevistados que responderam Nunca e Raramente somam 35%, enquanto os que responderam Repetidamente e Sempre somam 24%.

Para Souza et. al (2015), quando o estresse é excessivo, pode produzir uma variedade de distúrbios psicossomáticos como; a ansiedade e consequências para o indivíduo em si, para sua família, para a empresa em que trabalha e o ambiente onde vive.

Bezerra et. al (2013) apresenta o estresse como proveniente da carga de trabalho, relações interpessoais e condições de trabalho, em que cada indivíduo responde ao estresse de um jeito, alguns com autoconfiança, otimismo e robustez, ou seja, o eustresse. Já outros indivíduos respondem com raiva, frustração, excesso de fadiga, alienação no trabalho e queda de produtividade, o distresse.

Outro fator agravante do estresse, principalmente em mulheres, já que em nossa pesquisa 94,1% dos entrevistados são do sexo feminino, seria a chamada dupla jornada de trabalho, pois hoje a mulher tem todos os ônus de sua profissão, sem libertar-se dos trabalhos domésticos e a responsabilidade dos cuidados com a família.

No questionário QVT-25, os domínios Variedade, Autonomia e Feedback foram os que presentaram menores níveis de QVT. As facetas do domínio Variedade são: Satisfação com o trabalho, Satisfação com o trabalho realizado, Valorização do funcionário e Volume de trabalho. As facetas do domínio Autonomia e Feedback são: Satisfação pessoal, Autoestima e Acessibilidade.

O Gráfico 4 apresenta as respostas dos sujeitos à questão 4 do questionário QVT-25: O seu salário está de acordo com a função que você executa dentro da empresa?

Gráfico 4 – Satisfação salarial.

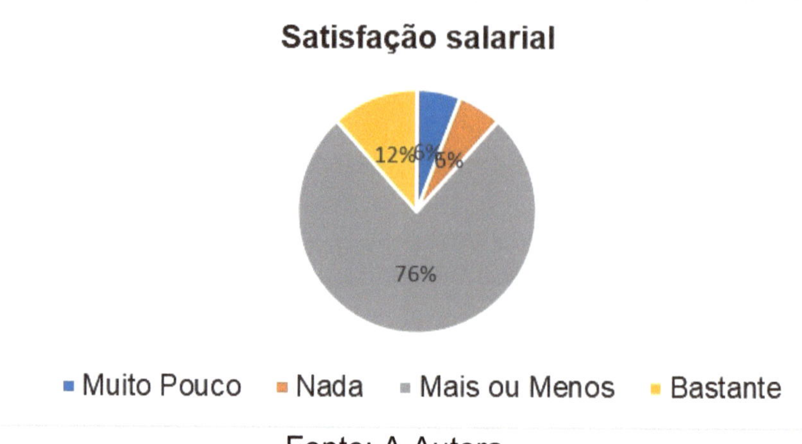

Fonte: A Autora.

Os entrevistados que responderam Nada, Muito Pouco e Mais ou menos somam 88% enquanto, 12% responderam bastante.

Um ambiente de trabalho que satisfaça as expectativas pelo trabalho, bem como, a satisfação da área emocional, autoestima, horário e condições de trabalho adequados, com perspectivas de mudanças na carreira, justiça e recompena, convivência agradável com os colegas e segurança financeira, propiciam uma boa QVT para o colaborador e uma boa produtividade para a empresa.

Desta forma, colaborador feliz, significa realização no trabalho e consequentemente, aumento da produção, diferente disso, trás aborrecimentos e doença a saúde do colaborador.

CONCLUSÃO

Problemas no trabalho podem desencadear o estresse que em doses excessivas, acarreta problemas psicológicos e físicos, resultando em perda de produtividade, afetando os relacionamentos sociais do indivíduo. A despeito disto, pode-se pensar que o estilo de vida, reflita tanto, nos aspectos familiares e sociais, como no trabalho, pois aqueles que conseguem o equilíbrio entre as atividades familiares e socias, também conseguem esse equilíbrio, no ambiente corporativo, resultando em uma melhor QVT.

A presente pesquisa concluiu que o estresse é influenciado por vários fatores como; problemas no ambiente laboral e familiar, e a influência na QVT. Já o estilo de vida saudável e equilibrado com; atividades familiares, sociais e ambiente corporativo, resulta em um boa QVT. Os achados foram decisivos para os objetivos estabelecidos inicialmente pela pesquisa.

Pode-se concluir que os assistentes sociais que atuam no Pronto Socorro apresentaram um maior nível de QVT e menor nível de estresse em comparação com as assistentes sociais que atuam no Hospital da Criança, demonstrando que trabalhar em um hospital com atendimento exclusivo para crianças, é capaz de causar um maior nível de estresse no servidor, acarretando a diminuição do nível da QVT.

Entretanto, a população desta pesquisa apresentou uma mediana de estresse e QVT classificados como ruim e bom, respectivamente. Uma explicação para tal resultado pode ser a auto cobrança dos entrevistados em ter uma boa QVT e uma boa produtividade que acabam por gerar um alto nível de estresse.

Não obstante, o número de entrevistados foi um fator limitante para o estudo, fazendo-se necessário novas pesquisas sobre esse tema e também, um maior número desta população.

REFERÊNCIAS

ALMEIDA, M. A. B. de; GUTIERREZ, G. L.; MARQUES, R. **Qualidade de vida: definição, conceitos e interfaces com outras áreas, de pesquisa**. São Paulo: Escola de Artes, Ciências e Humanidades – EACH/USP, 2012. 142 p.

Almeida-Brasil, C. C. et. al. Qualidade de vida e características associadas: aplicação do WHOQOL-BREF no contexto da Atenção Primária à Saúde. **Ciência & Saúde Coletiva**, v. 22, n. 5, p. 1705-1716, 2017.

AMARAL, J. F. do, RIBEIRO, J. P. PAIXÃO, D. X. de. Qualidade De Vida No Trabalho Dos Profissionais De Enfermagem Em Ambiente Hospitalar: Uma Revisão Integrativa. **Revista Espaço para a Saúde**, Londrina, v. 16, n. 1, p. 66-74, jan./mar. 2015.

BARBOSA, R. M. dos S. P. Resenha do livro "Atividade Física, Saúde e Qualidade de Vida: Conceitos E Sugestões Para Um Estilo De Vida Ativo", De Markus Vinicius Nahas. **Rev. Bras. Ciênc. Esporte**, v. 34, n. 2, p. 513-518, abr./jun. 2012.

BEZERRA, et. al. Estresse ocupacional em mulheres policiais. **Ciência & Saúde Coletiva**, v. 18, n. 3, p. 657-666, 2013.

BRASIL. Lei Nº 8.069, de 13 de Julho de 1990 do Estatuto da Criança e do Adolescente. Disponível em: < http://www.planalto.gov.br/ccivil_03/leis/l8069.htm >. Acesso em: 20 de novembro de 2019.

CONSELHO FEDERAL DE SERVIÇO SOCIAL (CFESS). Perguntas Frequentes. Disponível em: <http://www.cfess.org.br/visualizar/menu/local/perguntas-frequentes>. Acesso em: 20 de abril de 2019.

CONSELHO FEDERAL DE SERVIÇO SOCIAL (CFESS). **Seminário Nacional de Serviço Social na saúde**. Brasília, 2017. 164 p. Disponível em: < http://www.cfess.org.br/arquivos/LivroSeminarioSaude2009-CFESS.pdf >. Acesso em: 17 de abril de 2019.

DE SOUZA, et. al. Sobrecarga no cuidado, estresse e impacto na qualidade de vida de cuidadores domiciliares assistidos na atenção básica. **Cad. Saúde Colet.** Rio de Janeiro, v. 23, n. 2, p. 140-149, 2015.

FLECK, M. P. et. al. Aplicação da versão em português do instrumento abreviado de avaliação da qualidade de vida "WHOQOL-bref". **Rev. Saúde Pública**, v. 34, n. 2, p. 178-183, 2000.

GOMES, R. L. et. al. ASSOCIAÇÃO ENTRE O NÍVEL DE ESTRESSE E O NÍVEL EDUCACIONAL DE FUNCIONÁRIOS DE UMA UNIVERSIDADE PÚBLICA. **Colloquium Vitae**, Presidente Prudente, v. 5, n. Especial, p. 104-111, jul./dez. 2013.

Hospital da Criança registra aumento em atendimento de urgência. **Diário dos Campos**, Ponta Grossa, 08 de abr. De 2019. Disponível em: https://www.diariodoscampos.com.br/noticia/hospital-da-crianca-registra-aumento-em-atendimento-de-urgencia. Acesso em: 20 de novembro de 2019.

IAMAMOTO, M. V. **O Serviço Social na contemporaneidade: Trabalho e formação profissional**. 8. ed. São Paulo: Cortez, 2005, 303p.

MORO, L. P.; ACIOLY, Y. A. **A ATUAÇÃO PROFISSIONAL DO/A ASSISTENTE SOCIAL NO ÂMBITO HOSPITALAR E OS LIMITES PARA A EFETIVAÇÃO DO PROJETO ÉTICO-POLÍTICO DO**

SERVIÇO SOCIAL. 2012, 13 f. Universidade Federal de Sergipe, Sergipe.

NAHAS, M. V. **Atividade Física, Saúde e Qualidade de Vida**. 6. Ed. Londrina: Midiograf, 2013. 335p.

NETTO, José Paulo. **Ditadura e Serviço Social: uma análise do serviço social no Brasil, pós-64**. 5ª ed. São Paulo: Cortez, 2001.

OLIVEIRA, H. F. R. et al. QVT-25: Construção e Validação de um Instrumento de Avaliação da Qualidade de Vida no Trabalho. **Revista CPAQV** – Centro de Pesquisas Avançadas em Qualidade de Vida | Vol. 9 | Nº. 1 | Ano 2017a.
______________________ et al. StreQ-25: Construção e Validação de um Instrumento de Avaliação de Estresse. Revista CPAQV – Centro de Pesquisas Avançadas em Qualidade de Vida | Vol. 9 | Nº. 2 | Ano 2017b.

RODRIGUES, V. M. C. P. FERREIRA, A. S. De S. Fatores geradores de estresse em enfermeiros de Unidades de Terapia Intensiva. **Rev. Latino-Am. Enfermagem**, v. 19, n. 4, jul./ago. 2011.

SEGRE, M. O conceito de saúde. O Conceito de Saúde. **Rev. Saúde Pública**, v. 31, n. 5, p. 538-542, 1997.

SILVA, R. S. et. al. Atividade física e qualidade de vida. **Ciência & Saúde Coletiva**, v. 15, n. 1, p. 115-120, 2010.

VILARTA, R. et. al. **Qualidade de Vida e Políticas Públicas: Saúde, lazer e atividade física**. Campinas: IPES Editorial, 2004. 156 p. Disponível em: < https://www.fef.unicamp.br/fef/sites/uploads/deafa/qvaf/quali dade_politicas_publicas_completo.pdf >. Acesso em: 19 de maio de 2019.

ÍNDICE REMISSIVO